말라리아를 퇴치한
투유유 이야기
노벨 생리의학상을 받은 첫 아시아 여성 과학자

L'ERBA MAGICA DI TU YOUYOU: LA SCIENZIATA CHE SCONFISSE LA MALARIA
Text by Xu Lu, Illustrations by Alice Coppini

For illustrations: Copyright © 2018 Editoriale Scienza S.r.l., Firenze-Trieste www.editorialescienza.it
www.giunti.it
For texts: Copyright © 2018 China Children's Press & Publication Group
Korean Translation Copyright © 2019 Dourei Publication =Co.

이 책의 한국어판 저작권은 ICARIAS AGENCY를 통해 EDITORIALE SCIENZA S.R.L과 독점 계약한 도서출판 두레에 있습니다.
저작권법에 의하여 한국 내에서 보호를 받는 저작물이므로 무단전재와 복제를 금합니다.

말라리아를 퇴치한
투유유 이야기

노벨 생리의학상을 받은 첫 아시아 여성 과학자

수 루 글 ● 알리체 코피니 그림 ● 신여명 옮김

두레아이들

학교에서 집으로 돌아올 때 유유는 언제나 같은 길을 걸어서 왔습니다.

그런데 길모퉁이에 거의 다다를 때면 어김없이 들에서 일을 마치고 집으로 돌아가는 할아버지와 마주쳤습니다.

할아버지는 늘 등에 바구니를 짊어졌고,
바구니는 막 딴 약초들로 가득 차 있었습니다.

어느 날, 유유는 수북한 약초 더미에서 맨 위에 놓인 나뭇가지에 눈길이 갔습니다. 빨간 열매가 달린 가지였습니다. 유유는 그 열매를 맛보고 싶었습니다. 정말 맛있고 달콤해 보였거든요.

유유는 할아버지를 따라가고 싶어졌습니다.

할아버지는 느릿느릿 걸었고, 유유도 할아버지 뒤를 따라 천천히 걸어갔습니다.

할아버지는 어느 작은 가게로 향하는 문으로 들어갔습니다.

할아버지는 걸음을 멈추고 바구니를 땅바닥에 내려놓았습니다.

그런 다음 약초를 하나씩 더 큰 바구니로 옮겼습니다.

고개도 한번 들지 않은 채 일하던 할아버지가 불쑥 말을 건넸습니다.

"얘야, 곧 날이 어두워진단다. 집에 갈 시간이야."

유유는 깜짝 놀랐습니다. 유유가 거기 있다는 걸 할아버지는 알고 있었던 거예요.

"할아버지, 그 빨간 열매는 분명 달고 맛있겠죠?" 유유가 물었습니다.

"중국 산사나무 말이냐? 하나 맛보겠니?" 할아버지가 대답했습니다.

할아버지는 작은 가지 두 개를 꺾어, 그것들을 유유에게 건넸습니다. 유유는 작은 열매 두 알을 따서 입에 넣었습니다.

"어떠냐, 열매가 달콤하니?" 할아버지가 물었습니다.

"네. 그런데 너무 시어요." 유유가 대답했습니다. "고맙습니다, 할아버지!"

할아버지는 다시 약초들을 하나하나 구분해 가른 뒤, 햇볕 아래 널어 두었습니다.

"할아버지, 왜 풀들을 햇볕에 놓아두는 거예요?" 유유가 물었습니다.

"그래야 내가 쓸 수 있게 풀들이 잘 마르지. 이것들은 그냥 풀이 아니란다. 모두 약이지. 정말 귀한 약들이지." 할아버지가 말했습니다.

할아버지는 이 마을의 한의사였습니다. 작은 가게는 할아버지의 한약방이었고요.
할아버지는 유유더러 한약방 안으로 들어오라고 하고, 나무로 만든 커다란 서랍장을 보여 주었습니다.
"이 서랍들이 보이니? 이 안에는 정말 다양한 약초가 들어 있단다."

그러고 나서 할아버지는 햇볕에 널어 둔 약초들을 가리키며 설명했습니다.

"이것들은 질경이 씨앗이고, 이것은 민들레, 이것은 애기풀 뿌리, 또 이것은 시호 뿌리란다."

할아버지는 이따금 나뭇가지를 집어 들어 입에 넣고는 씹었습니다. 그런 다음 유유에게 모든 약초의 이름을 하나씩 말해 주었습니다.

"할아버지, 그럼 이 약초들이 약하고 같아요? 이 약초들로 병든 사람들도 고칠 수 있다는 말씀이세요?" 유유가 물었습니다.

"물론이지!" 할아버지는 이파리 하나를 코에 갖다 대더니 냄새를 맡고, 이리저리 살피며 말했습니다.

할아버지는 마치 약초가 그저 식물이 아니라 보석이나 그와 버금가게 귀한 것이라도 되는 양, 할아버지만의 독특한 방법으로 약초를 보았습니다.

"할아버지, 이 약초들은 어디서 자라요?" 유유가 물었습니다.

"깊은 산속이나 밭에서, 그리고 숲속에서도 자라지. 더 귀한 약초일수록 찾기가 더 힘들단다. 게다가 약초들은 매우 예민해서, 약초를 찾을 때마다 바구니에 조심스럽게 담아서 갖고 와야 한단다."

유유는 할아버지의 이야기에 푹 빠져서 저녁 먹을 시간이 다 된 것도 몰랐습니다. 벌써 한참 전에 집에 갔어야 했는데 말이에요.
유유의 어머니가 끝내 유유를 찾으러, 길이 끝나는 곳에 있는 한약방까지 왔습니다. 어머니가 유유를 찾았을 때, 어느덧 달이 하늘 높이 떠 있었습니다.

유유가 할아버지 말에 아주 푹 빠져 있던 탓에, 어머니는 화를 내지도 않았습니다.

"엄마, 제가 커서 저 할아버지께서 하시는 일을 할 수 있을까요? 산도 오르고, 숲속으로 들어가 약초를 찾아다니고 싶어요."

어머니는 웃었습니다. "당연하지. 그렇게 되면 우리 식구는 이제 아플 일이 없겠네."

그날 밤 잠들기 전에, 어머니는 유유에게 평소와 다른 이야기를 들려주었습니다. 어린 아이와 농부의 목숨을 구해준 어느 노인의 이야기였습니다.

어느 날, 어린아이가 독사에게 물렸는데, 다리를 잃을 수 있는 위험한 상황이었습니다. 그러자 노인은 갖고 있던 약초를 이겨서 물린 곳에 붙였습니다. 그 덕분에 아이의 상처는 아물었고, 아이는 아주 빠르게 건강을 회복할 수 있었습니다.

장티푸스에 걸려 몸져누운 농부가 있었습니다. 노인은 약초를 우려낸 차로 농부를 치료했습니다. 그랬더니 농부는 곧 병이 나아져서, 들판에 나가 일할 수 있었습니다.

그날 이후로 한 해 동안 유유는 날마다 학교가 끝나면 길모퉁이에서 할아버지를 기다렸습니다. 숲에서 돌아오는 할아버지가 자신을 알아봐 주고, 잠시 멈춰서 자신에게 말을 건네주길 바라면서요.

할아버지를 만나려고 한약방으로 달려가기도 했습니다. 그럴 때면 할아버지를 기다리면서, 잔가지로 엮은 광주리 안에 말리려고 널어 둔 약초들을 살펴보았습니다.

유유는 때때로 바닥에 엎드려 약초 더미의 냄새를 맡고, 지렁이들의 노래를 듣고, 그곳에 사는 작은 동물들을 관찰하기도 했습니다.

유유는 어머니, 아버지와 함께 길을 걸으며 자기가 알아볼 수 있는 약초들을 수집하고, 한의사 할아버지에게 배워서 알고 있는 약초에 관한 모든 것을 자랑스럽게 이야기했습니다.

"엄마, 가막사리가 얼마나 달콤한지 맛 좀 보세요."
"확실하니? 맛을 봐야 해? 이상해 보이는데……."
"맛있어요, 한번 드셔 보세요. 그리고 체로키 장미 열매도 정말 달콤해요. 아빠, 맛을 보세요. 가시는 조심하시고요!"

시간이 흘러 어느덧 유유는 어른이 되었습니다.

유유는 자기에게 많은 것을 가르쳐 준 한의사 할아버지처럼,

의학에 꼭 필요한 약초를 연구하는 게 꿈이었습니다.

그래서 대학에 진학해 약학을 전공으로 선택했습니다.

유유의 실험실에는 한의사 할아버지 덕분에 유유가 알게 된 모든 약초가 있었습니다. 한의사 할아버지가 그랬던 것처럼 유유도 자주 약초들을 맛보고 잘근잘근 씹어 보았습니다.

1960년대와 '70년대에 끔찍한 말라리아 전염병이 중국 전역에 퍼졌습니다.

지구의 다른 지역에서도 많은 사람의 삶이 위험한 처지에 놓여 있었습니다.

젊은 과학자 유유는 매우 중요하고 비밀스러운 임무인 '프로젝트 523'에 참여하게 되었습니다. '523'은 5월 23일을 뜻하는 숫자인데, 그날은 중국 국립과학위원회에서 말라리아 치료법을 찾기 위한 임무를 시작한 날이었습니다. 이 중요한 계획에서 유유의 임무는 중국 전통 의약품 중에서 말라리아 치료법을 찾는 것이었습니다.

유유는 동료 세 명과 함께 중국 남부 열대우림으로 갔습니다.

그 지역에는 말라리아 병의 사례가 많았습니다. 숲의 한가운데에 있는 한 마을에서 유유는 모든 연령대의 환자들을 찾아갔습니다.

말라리아는 사람을 가리지 않고 전염되었습니다.

남자, 여자, 노인, 아이 할 것 없이 모두가 병을 앓았습니다.

유유는 고대 의학서적을 연구하고 비교했습니다. 의학자들이 적어 놓은 긴 약초 목록 가운데 유유는 말라리아를 치료할 수 있는 특성이 있는 듯 보이는 특별한 식물 하나를 골랐습니다. 유유는 곧 이 약초를 찾으러 들판을 헤맸고, 끝내 그것을 찾아냈습니다.

유유는 개똥쑥의 특이한 향을 들이마시며, 개똥쑥에서 약효 성분을 추출하려고 노력했으나 번번이 실패했습니다. 그래도 유유와 동료들은 포기하지 않고 개똥쑥에서 약효 성분을 얻기 위해 거듭 시도했습니다.

그러나 돌아오는 결과는 늘 실패뿐이었습니다.

그때 유유는 다시 들판으로 나왔습니다. 무언가를 찾아내야 했지만 무엇을 찾아야 하는지 정말 아무것도 알 수 없었습니다.

"한번 더 해 보자!" 유유는 자신에게 말했습니다. "또 실패하면, 그땐 포기하자."

때마침 유유는 길가를 서성이는 개 한 마리를 보았습니다. 개는 허약하고, 매우 피곤해 보였습니다. 개가 풀밭에서 걸음을 멈추더니 푸른 이파리를 씹기 시작했습니다.

"실례합니다. 저 개가 왜 염소처럼 풀을 뜯어 먹는 거죠?"

유유는 밭에서 일하던 농부에게 말을 걸자 노인이 대답했습니다.

"그 개는 아파요. 자기 몸을 치료하기 위해 풀을 먹는 겁니다. 그 풀에 개에게 필요한 무언가가 있는 모양이지요."

유유의 눈이 반짝반짝 빛나기 시작했습니다. 유유는 허리를 낮게 굽히고, 개가 먹은 그 풀을 유심히 관찰했습니다.

"여기서 포기할 수 없어. 해답이 그 식물에 있다는 것을 알고 있잖아. 다시 시도해 보자. 약효 성분을 추출할 수 있는 방법을 꼭 찾아낼 거야."

유유가 다짐히듯 말하고는, 실험실로 돌아가 다시 연구를 시작했습니다.

1971년 10월 4일, 마침내 유유 연구팀은 개똥쑥에서 추출물을 만들었습니다. 추출물은 초록빛이 도는 검은색 반죽처럼 보였습니다. 유유 연구팀은 이 추출물을 자신들에게 먼저 실험해 보았습니다. 이 추출물이 사람에게 해를 끼치지 않는다는 것을 확신하게 되었을 때, 말라리아에 감염된 쥐를 이용하여 다른 실험들을 했습니다. 마지막으로 그들은 부드러운 풀 반죽을 결정체로 변형시켰습니다. 1972년 11월 8일, 개똥쑥에서 추출한 아르테미시닌이 만들어졌습니다. 중국에서는 이 물질을 칭하오수라고 불렀습니다.

 같은 날, 말라리아가 많이 전염된 지역 중 한 곳인 아프리카 케냐에서, 임신한 여성이 말라리아에 걸려 매우 고통스러워했습니다. 그동안 널리 쓰이던 약인 '퀴닌(또는 키니네)'으로 치료하면 여성은 살 수 있으나, 아이는 살아남지 못할 가능성이 컸습니다. 바로 그때 유유가 약초에서 추출한 마법 같은 약이 기적을 일으켰습니다. 임신한 여성은 퀴닌 대신 유유가 만든 약으로 치료를 받았는데, 병이 나았을 뿐만 아니라 아이도 건강하게 태어났습니다.

그때 태어난 아이는 여자아이였고, 어머니는 자기와 아이의 생명을 구한 약의 이름을 따서 아이의 이름을 '코텍신'이라고 지었습니다. '아르테미시닌'으로 만든 항 말라리아 치료제의 이름이었습니다.

코텍신은 어린 여자아이에게 붙이는 일반적인 이름이 아니었습니다. 아스피린이나 파라세타몰(타이레놀)이라는 이름을 갖는 것이나 마찬가지였으니까요. 그러나 약의 이름을 따서 아이의 이름을 짓는 것은 많은 사람의 목숨을 구한 발견을 기념하는 무척 아름다운 방법이었습니다.

투유유는 말라리아의 치료법을 발견한 공로를 인정받아, 2015년에 노벨 의학상을 받았습니다. 이 치료법은 그가 중국 전통의학을 연구한 덕분에 발견할 수 있었습니다.

걸음도 느리고 동작도 느린 어느 노인이 등에 짊어진 바구니 안에는 약초가 들어 있었고, 그 약초들은 수십 년 전 학교에서 집으로 걸어가던 작은 여자아이 유유가 말라리아 치료법을 연구하도록 이끌었습니다.

말라리아를 정복하고 노벨상을 받은
여성 과학자, 투유유

1930년에 중국 저장성 닝보시에서 태어난 투유유는 노벨 생리의학상을 받은 첫 아시아 여성 과학자입니다. 투유유는 베이징대학에서 약학을 공부하고, 졸업한 뒤 1955년에는 고대 중국의 전통적인 약초 연구와 함께 서양의학 연구를 하는 중국중의과학원에서 일하기 시작했습니다.

말라리아 치료법을 찾기 위해 중국 정부가 2년 전에 시작한 비밀 연구 프로그램에 투유유가 배정된 것은 1969년이었습니다. 투유유의 임무는 쉽지 않았습니다. 그가 연구를 시작할 즈음, 24만 개의 서로 다른 화합물을 이미 실험했으나 아무런 성과를 얻지 못했습니다.

투유유는 말라리아로 치명적인 피해를 입은 중국의 남쪽 지역으로 급히 보내졌습니다. 그는 사명을 완수하기 위해 두 어린 딸을 남겨두고 떠나야 했습니다. 그러나 투유유가 훗날 밝혔듯이, 당시에는 너무 많은 아이들에게 피해를 주는 이 치명적인 질병의 치료제를 찾는 것이 그에게는 먼저였습니다.

동료들과 함께 투유유는 2천 개가 넘는 중국 전통 치료법을 연구했고, 실험실에서 350가지가 넘는 화합물을 실험했습니다. 그러다가 끝내 그는 학명 '아르테미시아 아누아(Artemisia annua)'로 알려진 식물(개똥쑥)의 잎을 끓여 우려내는, 1,500년도 더 된 치료법을 발견했습니다.

처음에 이 치료법은 별로 효과가 없는 것 같았습니다. 그러나 투유유는 놀라운 직감을 발휘했습니다. 높은 끓는점이 식물의 활성 성분에 손상을 가져온다는 생각에 투유유는 낮은 온도에서 활성화되는 용제인 다이에틸 에테르(Diethyl ether)를 이용해 약용 성분을 추출했습니다. 새로운 추출물을 쥐에게 실험해 본 투유유는 부작용을 확인하기 위해 자신에게 실험해 보기도 했습니다. 치료제는 효과가 있었습니다. 한 번 투여하면 열이 몇 시간 안에 떨어졌습니다.

투유유의 연구 결과는 1977년에 발표되었지만, 그 논문에는 그의 이름이 없었습니다. 3년이 지난 뒤, 투유유의 연구를 축하하기 위해 세계보건기구(WHO)는 그를 초대했습니다. 그러나 그의 겸손한 성격과 그가 살았던 역사적 배경 등 때문에 투유유의 이름은 잘 알려지지 않았습니다.

투유유라는 이름은 2011년에 래스커 의학연구상이라는 중요한 과학상을 받으면서 비로소 학계에 널리 알려지기 시작했습니다. 그로부터 4년 뒤인 2015년, 투유유는 노벨 생리의학상을 받았습니다.

글쓴이: 수 루(Xu Lu)

시인, 작가, 출판업자, 후베이작가협회의 회원이다. 60여 권의 책을 썼으며, 국가 우수아동문학상, 중국 전국도서상, 빙신 아동문학상, 후베이 청년예술인 도립상, 후베이 지역 문학상 등을 포함해 권위 있는 상을 많이 받았다.

그린이: 알리체 코피니(Alice Coppini)

이탈리아 노바라에서 태어나, 지금도 그곳에서 살고 있다. 이탈리아 밀라노 유럽디자인연구소(IED)에서 일러스트레이션 학위를 받았고, 이탈리아 밀라노 OPPI/MiMaster에서 일러스트 국제 전문가 과정을 마쳤다. 2017년에는 남이섬 국제 일러스트레이션 콩쿠르에 후보로 올랐으며, 볼로냐 아동도서박람회에서는 올해의 일러스트레이터 75명 중 한 명으로 선정되었다. 현재 프리랜서 일러스트레이터로 일하고 있다.

옮긴이: 신여명

서울대학교 원예학과를 졸업한 뒤 미국에서 2년 동안 살면서 어학을 공부했다. 지금은 두 아이의 엄마로서 어린이 책을 기획하는 한편 해외의 좋은 어린이 책을 우리말로 옮기고 있다. 옮긴 책으로 『사흘만 볼 수 있다면』, 『중국을 구한 참새 소녀』, 『하늘 나무』 등이 있다.

말라리아를 퇴치한
투유유 이야기

노벨 생리의학상을 받은 첫 아시아 여성 과학자

1판 1쇄 발행	2019년 10월 5일
1판 5쇄 발행	2023년 5월 25일

글쓴이 수 루 | 그린이 알리체 코피니 | 옮긴이 신여명
펴낸이 조추자 | 펴낸곳 두레아이들
등록 2002년 4월 26일 제10-2365호
주소 (04075)서울시 마포구 독막로 100 세방글로벌시티 603호
전화 02)702-2119(영업), 703-8781(편집), 02)715-9420(팩스)
이메일 dourei@chol.com

- 책값은 뒤표지에 적혀 있습니다. 잘못 만들어진 책은 구입하신 곳에서 바꾸어 드립니다.
- 이 도서의 국립중앙도서관 출판예정도서목록(CIP)은 서지정보유통지원시스템 홈페이지(http://seoji.nl.go.kr)와 국가자료공동목록시스템(http://www.nl.go.kr/kolisnet)에서 이용하실 수 있습니다(CIP제어번호: CIP2019035594)

ISBN 978-89-91550-95-7 77990